オープンイノベーション 21の秘密

豊洲の港から奮闘記

さあ、ともに世界を変えていこう！

株式会社NTTデータ
オープンイノベーション事業創発室 室長
残間 光太郎

NTT DATA
Trusted Global Innovator

はじめに

ＩＣＴ技術の発展により、世界中の誰もが、アイデアさえあればビジネスを創造することができる時代になりました。

特に、ベンチャー企業は、世界の深刻な課題に切り込み、新しい未来を切り拓く大儀と勇気、知恵とパッションに溢れるヒーローです。

『豊洲の港から』というオープンイノベーション活動に取り組んでいる私は、国連が定めた世界を救う17のゴールであるSDGs（持続可能な開発目標）を達成できるビジネスこそ、これからの社会インフラとなるビッグビジネスであると信じています。

これまで社会インフラを創ってきた大企業と、これから社会インフラを創ろうとするベンチャー企業、その間を繋ぐことができるＮＴＴデータが、ＷＩＮ―ＷＩＮ―ＷＩＮとなるようなビジネスを創ることができたなら、それはSDGsを達成し、必ずや世界を救う新しいビッグビジネスになると信じています。

私は、そんな思いで活動を始めて、今も続けています。

この本には、活動を始め、進めてきた途上のたくさんの失敗から学んだ〝秘密〟をまとめました。本当は〝秘密〟でもなんでもないのですが、私が体験して感じたこと、そこから得たことが、少しでもこれからの皆さんの活動に役立つノウハウや教訓となればいいなぁという思いで書きました。

これからオープンイノベーションをさらに展開したいと思われている大企業の皆様やベンチャー企業の皆様、そして、社会課題を解決するビジネスへのチャレンジを密かに目論んでいる皆様……。この本を手に取ってくださった〝あなた〟には、世界を変えることのできる可能性が秘められていると思います。〝今日〟、〝この場〟から、〝あなた〟が世界を救うビッグビジネスを創ってください！

この本が、少しでもそのお役にたてますように。

さあ、ともに世界を変えていこう！

序章

「このやり方で、本当に将来の当社を救うイノベーションを起こせるのか？――」

数年前、自分の会社（ＮＴＴデータ）で新規ビジネス創出をミッションとする部署に異動した私は、仕事の全容を把握するため、直前にこの部署が実施した社内の〝新規ビジネス企画案募集〟施策の選考結果を確認していました。選ばれているのは、社内から数多く寄せられた新規ビジネス企画案の中から優れたものとして選ばれ、ある程度の投資がなされた案件――。

そのすべてに目を通した私は、愕然としながら、そう心の中で叫んでいました。

■「時代にとり残される」という危機感

私の属するＮＴＴデータは、日本を代表するＩＣＴ（Information and Communication Technology）企業の一つです。

実際、ＮＴＴデータの組織や売上高は、ＩＣＴソリューションのプロバイダーとして世界屈指の規模を誇ります。金融機関や行政・自治体を始めとした日本の多くの企業・組織の業務／ビジネス、そして社会インフラをＩＣＴで下支えしてきた実績もあります。その意味で、ＮＴＴデータは、ＩＣＴによる日本の、あるいは世界のイノベーションを牽引して然るべき存在と考えています。

それなのに――。

少し遡ると、ＮＴＴデータ（旧社名：ＮＴＴデータ通信）がＮＴＴから分社独立した１９８８年当時、ＩＣＴ業界は今日ほどの成熟産業ではなく、市場規模もそれほど巨大ではありませんでした。それでもそうした産業、市場、技術の可能性に自分たちの未来をかけたＮＴＴデータには、新市場開拓の気概やイノベーティブな発想が満ち溢れていたと聞いています。

言うまでもなく、分社当時の社員の大半は、〝公社〟の出身です。しかも、その社員たちは、電話事業をメインとするその公社の中で〝データ通信〟という、当時の電話事業から見れば、とても小さく、どれほどの規模の産業へと成長・発展するかが見えていない、今で言う〝社内ベンチャー・ビジネス〟を託されていた人間たちです。ですから、当時は多くがとにかく新しいことが好き、挑戦が好き、自分で「いける」と思ったら周囲から何と言われようと突き進む——。そんな気概を強く持っていたと聞いています。

ところが、20年以上の時を経て、優秀な人材が豊富にいるにもかかわらず、なぜか斬新なアイデアや新規事業が育たず、〝新規ビジネス企画案〟を募っても、これまでの事業の延長ではない本当にイノベーティブな事業構想が育たない——。

いつしかそんな大企業病に犯されているのではないか、と愕然としたのです。

それに気づいたとき襲われた、「これでは間違いなく時代に取り残される——」という危機感。これが、今思えば、これまでと違う仕掛け作りをしていかなければならない、と考えたきっかけで、そのたどり着いた先が〝オープンイノベーションに本気で取り組む〟ことになったと思えるのです。

■困難をどのように乗り越えていくか

ＩＣＴ、デジタルテクノロジーの進化は強烈なスピードで進んでいます。また、それによって社会とビジネスも猛烈な勢いで変化し続けています。

そうした中で、多くの企業人が、おそらく私がかつて感じたのと同じ危機感を抱き、オープンイノベーションによって、社外の叡智・リソースを自らの変革のパワーに転換したいと考えておられるのではないでしょうか？　そう思っていらっしゃる方々の数は、最近はさらに多くなっていると感じています。

ただし、ご存知の通り、オープンイノベーションは一朝一夕で成しうるものではなく、その行く手には、さまざまな困難が待ち受けています。

それをどのように乗り越えていくべきなのか――。私もその答えはまだまだ見つけられていません。

本書をきっかけに、皆様とさらなるオープンイノベーションによるビジネス創発を実現するための意見交換をし、その答えを見つけることができればと思っております。

目次

第1章

『豊洲の港から』ってなんだ？

ＮＴＴデータでは、オープンイノベーション活動の『豊洲の港から』を２０１３年から主催しています。本書では、この活動を始めた経緯から、その活動を通じてつかんだオープンイノベーションの進め方の極意までを、一挙にお伝えします。

１　『豊洲の港から』の輪郭

ＮＴＴデータにおけるオープンイノベーションの取り組みが本格的に始まったのは、『豊洲の港から』と呼ばれるマンスリーフォーラム／ビジネスコンテストを始動させた２０１３年からになります。

ＮＴＴデータにおけるオープンイノベーションは、「ベンチャー企業」×「お客様大手企業」×「ＮＴＴ

図1-1：NTTデータのオープンイノベーションのスキーム

データ」によるＷＩＮ−ＷＩＮ−ＷＩＮ（トリプルＷＩＮ）のビジネス創発を迅速に実現することを目的としています。それを推進するためのエンジンとして重要な役割を担っているのが、『豊洲の港から』の活動と言えます。ＮＴＴデータは、この『豊洲の港から』の活動を通じて、数百億円規模のビジネスを迅速に創発することを目指しています。

『豊洲の港から』には、Ｐｕｓｈ型と呼んでいる毎月開催される『マンスリーフォーラム』と、Ｐｕｌｌ型と呼んでいる年2回世界20都市で行なっている『ビジネスコンテスト』があります。

Ｐｕｓｈ型と呼んでいるマンスリーフォーラムは、〝半歩先のテーマ〟に沿ったベンチャー企業のプレゼンテーションを起点に、トリプルＷＩＮによる迅速なビジネス創発の場として設計されています。毎回、５社程度のベンチャー企業が10分ずつプレゼンテーションを展開し、登壇企業でパネルディスカッションを1時間程度行い、最後にオーディエンスも含めた意見交換会を催します。〝完全招待制〟（登録者５０００名以上）を敷き、1回のフォーラムで、NTTデータのお客様を中心に200名以上のオーディエンスが集まっています。最後の意見交換会で、あのベンチャー企業とこんなことができるのではないか？といった意見交換が、当社ビジネスユニット（顧客またはソリューション単位で同じ目的をもって活動している部署）とお客様、更にはベンチャー企業間で活発に行われます。その場からPOC（Proof Of Concept：試作開発の前段階としてのコンセプト実証）がすぐに生まれることを目指しています。

一方、Pull型と呼んでいるビジネスコンテストは、当社のビジネスユニットが提示したチャレンジテーマに対して、新しいビジネスアイデアを世界中のベンチャー企業から提案していただくことを目的とするものです。

このコンテストは、〝NTTデータから発するチャレンジテーマ〟を起点に、トリプルWINを実現しうる〝革新的なビジネスモデル〟をベンチャー企業などから提案していただき、審査して、優秀なビジネスアイデアを表彰するプロセスで行います。このため、ベンチャー企業がどんなに素晴らしいソリューションを持っていたとしても、重要なのは当社のビジネスに対して革新的な提案であるかどうかということになります。結果、他イベントでのベンチャー企業のプレゼンテーションとは全く違った内容の提案が出てくるコンテストになっています。

　コンテストのチャレンジテーマのカテゴリーを設け（例えば２０１８年度は７つのカテゴリー）、それに合わせて、ＮＴＴデータの各国拠点から毎回40以上の具体的なチャレンジテーマが寄せられます。そのテーマに対するビジネスアイデアを競っていただき、グランプリ企業には、以後3カ月間、当社とのビジネスの検討をフルに支援する副賞が与えられるというものです。

　このビジネスコンテストの合言葉は

	カテゴリー	キーワード（テーマ）
1	ヘルスケア・ライフサイエンス	少子高齢化、医療/健康立国、先端医療(ゲノム等)、PHR(医療情報利活用)、AI、IoT、AR/VR、ロボティクス、マルチモーダル、Block Chain
2	金融・保険・決済	Fintech、データ活用、デジタルデザイン、キャッシュレス、API、AI、AR/VR、Block Chain
3	オートモティブ・IoT	コネクティッドカー、ドローン、無人輸送、公共交通の自動運転、AI、IoT、エッジコンピューティング、Maas、Maas+Blockchain決済、DynamicMap
4	RPA・バックオフィス	Autonomous、ビッグデータ解析、AI、RPA
5	店舗・デジタルマーケティング	Mobile Checkout、Mobile POS、Mobilize、Personalization、Non Card Payment、Computer Vision、Block Chain、Ai、IoT、Token Payment、DMP、CRM
6	情報流通	OpenData、セキュアプラットフォーム、OpenAPI、パーソナルデータ、デジタルセキュリティ
7	Disruptiveな社会変革対応	産学連携、シェアリング/インテンションエコノミー、クラウドソーシング/ファンディング、デジタルテクノロジー

図1-2：グローバルコンテスト　7つのカテゴリー・テーマ（2018年度）

「さあ、ともに世界を変えていこう！」。このスローガンのもと、世界の20以上の都市で地方大会を催し、東京でグランプリを決定します。

2 『豊洲の港から』始動のワケ

私が『豊洲の港から』を立ち上げたきっかけは、本書の序章でも触れた「危機感」からです。

ＮＴＴデータでは旧来、ビジネス創出の活動として〝新規ビジネス企画案募集〟施策を展開していました。そのスキームは、社内の各部門から新規ビジネスのアイデアを募り、施策を主催する部門の企画部長の投票によって優秀なアイデアを選定。その選ばれたアイデアを出したものに対して、３カ月～5カ月のフィジビリティスタディ費用を拠出するというもので、年2回の頻度でコンテストを実施し、効果を計測していました。

その結果はどうだったのか――。率直に言えば、寄せられるアイデアは、既存ビジネスの延長線上にあるものがほとんどで、イノベーティブなアイデアがまったく見当たらない。イノベーティブなアイデアであっても育っていない。「このアイデアならば、それぞれが今いる組織に、ビジネスプラン（事業計画）として提出して予算を獲得すればいいだけの話じゃないか。そこで通らないからこっちに提案を振り向けてきているだけなのか。しかも市場調査だけで半年も費やされている」――。

寄せられてくる新規ビジネスの提案書や投資の結果を眺めながら、そう感じていたことを鮮明に記憶しています。審査を通過し、資金拠出の対象となったプロジェクトも、終わってみたら単なる市場調査で終わってしまうものが多く、このビジネスコンテストは、〝社内のガス抜き〟程度の役割しか担えていないのではないかと感じていました。

そうした中で、ＮＴＴデータを取り巻く世界、特にグローバル市場においては、我々や我々のお客様である大手企業に対して、従来型のビジネスモデルに破壊的イノベーションを仕掛けてくる異業種企業やベンチャー企業が相次いで現れており、そうしたベンチャー企業のなかには驚異的なペースで発展・成長を遂げるところも出てきていました。

当然のことながら、ＮＴＴデータの誰もが、その状況に対する危機感を抱いているとは思っていましたが、具体的な対抗する仕掛け作りが打ちきれない状況が続いていると感じていました。

「これでは、世界のイノベータに、いつＮＴＴデータの基幹ビジネスが破壊されても不思議はない」

「気が付いた時には、すでに遅く、時代に完全に取り残されかねない――」

そうした危機感から、自らが破壊される側ではなく破壊する側になるにはどうすればいいかを模索するため、様々なイノベーションの有識者へのヒアリングやイノベーションに関するイベントなどに出向いて行きながら意見交換をさせていただきました。

結果、非常にエキサイティングだったのがベンチャー企業の皆様との意見交換でした。何よりも私の心を動かしたのは、社会の課題を解決したい、これまでにないものを創り上げたいという彼らのパッション。そして、自分自身が非常に面白い新規事業を立ち上げた時も、思いも寄らない人たちや、まさにベンチャー企業の方と出会って、お互いに刺激をし合って生まれたのだった、と思い出しました。
それを個人プレーではなく組織的にレバレッジ高く、うまく展開することができないだろうか。そのような思いからたどり着いたのが、オープンイノベーションの始動であり、『豊洲の港から』の立ち上げだったのです。

3 オープンイノベーションの実績と成果

『豊洲の港から』を中心にしたNTTデータのオープンイノベーションは、この6年間ですでに多くのビジネス創発の実績を積み上げています。その一例を次頁にまとめたので、参考にしてください。

この図にあるとおり、NTTデータのオープンイノベーションによって創発されるビジネスには、大きく〝プラットフォーム連携型〟と〝ディスラプティブ（破壊的）型〟の2タイプがあります。

プラットフォーム連携型創発モデル

プラットフォームを通じて、スケールアウトを実現

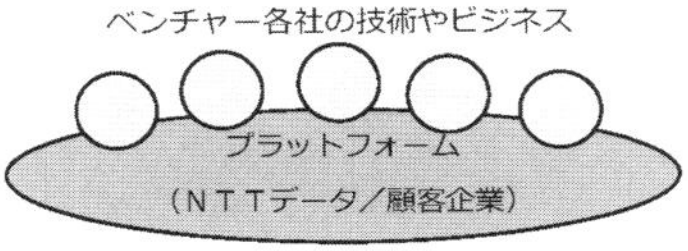

協業先ベンチャー		サービス概要
iRidge	（日本）	決済総合サービス「CAFIS」との連携による、CAFIS Preshを活用したレコメンデーションマーケティング
Sassor	（日本）	エネルギーIOTプラットフォーム「ECONO-CREA」との連携による、IoT電力マネジメントサービス
マネーフォワード、freeeなど フィンテック企業各社	（日本）	オンラインバンキングプラットフォーム「ANSER」のAPI連携による、フィンテックサービス
Payke	（日本）	決済総合サービス「CAFIS」との連携による、CAFIS Attendantを活用したインバウンドマーケティング
Modiface（テック·パワー）	（カナダ）	第一生命の健康増進アプリ「健康第一」のキラーアプリとして採用
日本医療データセンター	（日本）	第一生命の健康増進アプリ「健康第一」への機能追加

ディスラプティブ型創発モデル

掛け合わせによって、従来になかった
ディスラプティブな技術やビジネスを創発

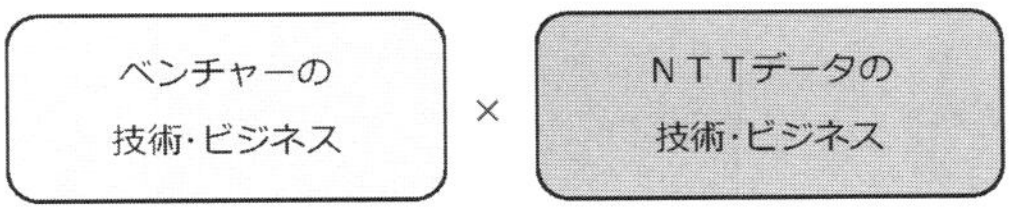

協業先ベンチャー		サービス概要
Daon	（アイルランド）	三井住友フィナンシャルグループとのJV設立による生体認証プラットフォーム「Polarify」
Unerry	（日本）	ビーコン位置情報を活用したリアルタイムマーケティング実証実験
MarkLogic	（アメリカ）	構造化データ及び非構造化データを活用した次世代データベースビジネスの拡大
Social Coin	（スペイン）	AI技術を活用した社会課題解決プラットフォーム

図1-3：NTTデータ オープンイノベーション「ビジネス創発実績」（一例）

プラットフォーム連携型は、ＮＴＴデータが提供するプラットフォームと、それを利用するお客様、そして、ベンチャー企業の技術／ビジネスを相互に結びつけるタイプのものです。ベンチャー企業にとっては、１社のみとビジネスを立ち上げていくよりも、既にたくさんのお客様が利用している既存のプラットフォームとビジネスを立ち上げた方が、何百倍ものレバレッジがあることになります。ＮＴＴデータにとっては、ベンチャー企業の技術／ビジネスによって、既存のプラットフォームの価値を別の革新的な方向へスケールアウトしていくことができるというわけです。

こうしたプラットフォームのスケールアウトは、『豊洲の港から』のコンテストで一貫して目指してきたことの一つです。つまり、ＮＴＴデータが持つ社会インフラ（プラットフォーム）と、ベンチャー企業の技術やサービス、ビジネスを掛け合わせ、新しい仕組みを生み出し、社会インフラに変革のうねりを巻き起こすことで、社会全体にインパクトを与える革新を生み出す。それこそが、当初からの目的であったわけです。

その試みは、初回のコンテストから実を結びました。最優秀賞を獲得したフィンテック企業のマネーフォワードと担当部署が議論した結果、「ＮＴＴデータがプラットフォームのＡＰＩを開放することで、フィンテック企業がコストや効率性、セキュリティ面でのメリットを受けながら、大きな社会インフラを使えるようになる」との結論に至り、それが日本における新たなフィンテックサービスの創発の土台へとつながっていったのです。

一方のディスラプティブ型とは、ＮＴＴデータとベンチャー企業の技術／ビジネスを掛け合わせて、これまでにない、まったく新しい製品、サービス、ビジネスを創発していく取り組みです。この取り組みによって生まれたビジネスが、仮に、ＮＴＴデータの既存ビジネスを破壊するようなものであっても、それを恐れずに、イノベーションを推進するという決意のもとで創発の活動が展開されています。

この一つの事例が、MarkLogicという〝スキーマレスＤＢＭＳ（NoSQLデータベース）〟を活用したソリューション展開になります。この企業は、元々は当社の事業部がシリコンバレーで発掘してきた企業ですが、オープンイノベーション活動の中で様々な支援を数年間続けてきました。

MarkLogic自体は、構造化データと非構造化データを入れ込む、いわば箱なのですが、そこに当社のＲ＆Ｄ部門による〝エンリッチ〟という自動タグ付技術を掛け合わせることで、様々な非構造化データが自由に分析可能になるソリューションとなりました。

一つの例として、クレジットカード会社における加盟店審査システムというソリューションは、今では8社以上に採用されています。通常、クレジットカード会社が加盟店審査をする際には、帝国データバンクなどから得る財務情報や、審査対象企業のホームページ等を人海戦術で確認していました。しかし、このソリューションを使うことによって、WEBやSNSなどのインターネット上の情報を自動収集できるようになり、審査作業の大幅な効率アップが実現するとともに、審査の精度も格段に改善されることとなりました。この取り組みは、ベンチャー企業のソリューションと、NTTデータの技術を掛け合わせることによって、これまでになかった価値を作り上げたという意味で、ディスラプティブ型と呼べるものです。

もちろん、オープンイノベーションによるこうした成果は、一朝一夕で生み出せるようになったわけではありません。そもそも、『豊洲の港から』を立ち上げ、軌道にのせるまでにも、社内での抵抗など、いくつものハードルを乗り越える必要があったのです。

次章では、その辺りを踏まえながら、私が実践を通じてつかんだ秘密、大企業においてオープンイノベーションを前へ進めていく方法について説明していきます。

第2章

オープンイノベーションを大企業で進めるための「21の秘密」

オープンイノベーションを大企業で進めるための「21の秘密」

進める秘密その11：いきなり10Xの発展を目指す
進める秘密その12：機を逃さず一気に攻める
進める秘密その13：世界のイノベーション総合力の最大化を目指す
進める秘密その14：世界のDisruptiveの最先端をいち早く捉える
進める秘密その15：いきなりフラッグシップを作る
進める秘密その16：どんなギャップも乗り越える信頼関係を構築する
進める秘密その17：世界各地の風土や、やり方を尊重する
進める秘密その18：プレゼンで歌う
進める秘密その19：無茶振りを我慢してまずは課題を特定する
進める秘密その20：マユツバなゴールとスケジュールをしつこくリーンに回す
進める秘密その21：世界のイノベータを掛け合わせる

私が『豊洲の港から』を立ち上げ、軌道に乗せるまでには、社内での抵抗など、いくつものハードルを乗り越える必要がありました。本章では、その苦闘の中で〝何となく〟つかんだ秘密を紹介させていただきます。それは、オープンイノベーションを前へ進めるための秘策とでもいうようなものかもしれません。

進める秘密その１：面倒くさい仲間を作る

実は、『豊洲の港から』を始めた頃は、世の中にオープンイノベーションという言葉すら浸透していない時期でした。社内でその頃何度も提出した企画は、「ベンチャー企業と一緒にビジネスをやるなんて、そんなリスクの高いことを本気でやろうとしているのか？」と、その都度跳ね返されていました。

そんな中、少しでも前に進めるために私が意識し実施したのは、「まずはコアメンバーを作ろう」ということでした。

実は、ベンチャー企業との取り組みを始める前に、当社の中で〝新し物好き〟で〝尖りまくって〟いて〝議論になると収拾のつかない〟私の知り合い15名くらいのメンバーを集めて、次世代社内ワーキングという形で月に一回程度の活動を始めていました。

これは、言い換えると非常に〝個性的〟な〝面倒くさい〟人々が集まるワーキングで、大変憂鬱なひと時でもあったのですが、そんな皆さんに叱られながら議論を進め、その中から互いに非常に勉強になる話が飛び出し、各回ともかなり面白い議論がたくさんできていました。そこで話された内容には、実は今にも生きる素晴らしい情報がたくさんあり、現在に至るまで役立っています。

その当時話題になっていた〝ビッグデータ〟に関しても、同様の人数でワーキングを始めました。そして、特にこのビッグデータというテーマに関しては、当社のこれまでのノウハウだけではなかなか難しいという話も出てくるようになってきました。

これらの社内の面倒くさいイノベータ達が、実は、『豊洲の港から』を開催する時に、大変大きな味方になってくれました。社内に同じ志のメンバーがコアメンバーとしていてくれたということが、新しいことを始めるうえで、とても大きな力になったと思っています。

進める秘密その2：兎にも角にも外に動く

オープンイノベーションの取り組みは、外部の組織とどのように連携し、自分たちとは異なる技術、アイデアを持った組織との共創の輪をどのように広げていくかがポイントとなります。

そのための手法に私が初めて触れたのは、2013年ごろのこと。内部の力だけに頼ったビジネスづくりに限界を感じ、イノベーションの新たな力を獲得する術《すべ》を求めて、社外のさまざまなイベントに顔を出していたころのことです。

このときに巡り合った会合の一つに、中小企業基盤整備機構の西澤民夫氏が組織した団体の会合がありました。ある先輩に本当にたまたま「面白いから行ってみようよ」と誘われて、あまり気乗りがせずに参加したイベントでした。その名称は『ローマの市場にて』。

会の形式は、毎回10社前後のベンチャー企業を集めて10分ずつのプレゼンテーションを展開させるというものです。


そのオーディエンスの顔ぶれは、大企業の方から、ベンチャー企業の方、ベンチャーキャピタルの方など実に多彩です。プレゼンテーションを展開するベンチャー企業にしても、ＩＣＴ系もあれば、農業系、タイル素材系、建築系などと多士済々。そうした異なるフィールドのベンチャーが一つの会合で、次から次へとプレゼンテーションを行う光景は、それまで目にした経験がなく、非常に刺激的でした。

「このようにして、異なる領域の、異なる発想が混ざり合い、また新しい発想へとつながっていくんだ……」。「だからこそ話がおもしろくなる――」。そう感じたものです。

そして、この会合で私は初めて、〝オープンイノベーション〟という方法論があることを知りました。


その後、ほぼ毎月この会に自費で参加し、主催団体の皆さんと仲良くさせていただけるようになっていきました。その中で、『ローマの市場にて』のようなオープンイノベーションのスキームをＮＴＴデータの中に取り入れたいと考えるようになり、それが昇華し、ＮＴＴデータの本社がある〝豊洲〟を入れて名付けた『豊洲の港から』の誕生へとつながったわけです。

もし、あのとき暗中模索の中、外のイベントに行きまくっていなかったら、『ローマの市場にて』に出会わなかったら、今の『豊洲の港から』の活動はなかったと思うと、運命的な出会いであったと、今しみじみ思います。

進める秘密その３：外部の権威をあざとく利用する

今では逆に少ないのかもしれませんが、『豊洲の港から』発足当時は、大手企業の中でオープンイノベーションを始動させようとすると、内部からの反発を受けることが多い時期でした。『ローマの市場にて』に触発されて、オープンイノベーションをＮＴＴ

データ社内に取り込もうとしたとき、私も相応の抵抗を受けました。

当初、私はオープンイノベーションという用語は使わず、「外部の力を借りて、新しいビジネスの種を探す活動を展開させてほしい」という説明をして、幹部の説得に当たっていました。問題はその〝外部の力〟がベンチャー企業であったことです。

外部の力を借りて新たなビジネスを立ち上げるという意味では、NTTデータと大手IT企業との協業は当たり前のように行われてきたことで、それもオープンイノベーションの一つの形態と言えます。

ただし、今回の協業／共創のパートナーは、実績と信頼でNTTデータと同列にある大手IT企業ではなく、ベンチャー企業です。NTTデータでは、それまでベンチャー企業との協業では、成功の経験よりも失敗の経験のほうがはるかに多いという実情がありました。

理由は、ビジネスに対するスピード感の違いです。特にキャッシュフローに関するスピード感には大きな開きがあるかと思います。その辺りの意識の差が、相互理解の齟齬につながり、結局は、両者の間に亀裂ができてしまうこともあったのです。

そのため、私のこのような提案はなかなかすんなりとは通りにくかったのです。実は、私もベンチャー企業との狭間で、そのような苦い思いをしたことがありましたので、その感覚はよくわかりました。

しかし私の心の中には、痛い目にあったことよりも、その仕事を立ち上げた時の興奮が今でも忘れられないほどエキサイティングだったという思いと、今は随分とベンチャー企業の質もビジネスも変わってきているという気持ちが、ずっとあり、それを信じて動いていました。

説得交渉が難航するなか、私がすでに太いパイプを築いていた西澤氏から朗報が届けられます。それは、西澤氏の団体が社団法人化され、「『ローマの市場にて』の兄弟フォーラムを数多く立ち上げたいので協力してほしい」との要請でした。

そして、社団法人化するにあたっては、各界の著名な有識者の方々が名を連ねることになっていたのです。

著名な方々が名を連ねる新しい社団法人、そこが推進するフォーラムの兄弟フォーラムであれば、ＮＴＴデータが推進して然るべきものと言えますし、世の中の時流を見越した取り組みであると、社会にもアピールしやすいはずです。

そこで、西澤氏の要請を機に、再度社内での説得交渉に当たり、ようやく『豊洲の港から』始動の承認を取りつけたのです。

進める秘密その４：外部有識者に叱られに行く

こうして、『ローマの市場にて』の兄弟フォーラムとして、ようやく実施して良いと社内で承認を得た『豊洲の港から』。ですが、第一回目を開催しようにも、どのように実施したら良いのかが、全然わからない中での船出でした。

思い悩んで、これまで私がお付き合いをさせていただいた中にこの道のエキスパートの方が何人かおられたので、その有識者の皆様に相談に行きました。

今でも覚えていますが、そこでまず言われたのが、

「勉強不足!!」

ガツンとやられました。

「本気でイノベーションをやるのであれば、関連の本をかたっぱしから読むくらいして、少なくとも理論や先人の経験を勉強してこないと全然話にならないよ！」とこっぴどく叱られました。


そこから、その方に紹介された本から機械的にレコメンドされてきた本まで、朝晩の通勤時や隙間時間までとにかくイノベーション関連の本を読みまくって、再度出直して行きました。

次に言われたのが、

「で、コンセプトはどうするの？」「オープンイノベーションはいいけど、誰のためのオープンイノベーションをやるの？　世の中のため？　ベンチャーのため？　お客様のため？　それによってやり方が全然違うよ！」――全く答えられませんでした。

何となくいろいろな書籍で言われている成功事例では、〝世の中のため〟を目的とすることが多いような気がするし、ベンチャー企業を育てるというところも多いような気もするなあ、僕が始めようとしているオープンイノベーションは、誰のためにやると宣言したら良いのかなあ……とても悩みました。

そこで、当初「なぜこれを始めようと思ったのか」ということを改めて考えなおしてみました。自分の会社がこのままだとどんどん世界から置いてかれてしまうのではないか?という危機感から始まったのです。やはり、ここは正直に「ＮＴＴデータのためです」と言おうと思いました。でも、それだと何であんたの会社のために、ベンチャー企業がわざわざ提案をしなきゃいけないのよ?ということになるので、もちろん、ベンチャー企業のためでもあります、さらに言えば、我々のお客様のためでもある、そんなソリューションを生み出したい。そう思って、そのままを有識者の方に思い切ってぶつけてみました。

すると、意外にも、「いいんじゃない。それはそれでありだと思うよ」という初めて肯定的なコメントをいただきました。そして、『豊洲の港から』はベンチャー企業×お客様大手企業×ＮＴＴデータがトリプルＷＩＮになるビジネスを創発する、というコンセプトが形作られたのです。

これは今でも全ての資料の冒頭で宣言をしているコンセプトです。これがあるとないとでは全く進め方の軸が変わったと思うと、最初に厳しい言葉があったからこそ自分で考え抜くことができた、本当にありがたかったと今でも思います。これも、叱ってくれた有識者のおかげです。

進める秘密その５：ダメもとで突撃検証へ向かう

これで晴れてコンセプトが出来上がって、『豊洲の港から』の開催へ向けて準備を整えていこうということになったのですが、果たしてこのコンセプトにベンチャー企業が同意をして参加をしてくれるのか？という点については、何の確信もありませんでした。

そこで、『ローマの市場にて』で知り合ったベンチャー企業や、既に名が知られるようになってきているベンチャー企業の皆様に、ダメもとで『豊洲の港から』へ出るというのはどうでしょう?というヒアリングをさせていただくことにしました。実は社内からは、こんなコンセプトだったら、ベンチャー企業は絶対に警戒するし、振り向いてもらえないに違いない、という声もたくさんあった中での突撃でした。しかも、ベンチャー業界にはほとんど知り合いのいない外様な状況でしたので、相当憂鬱な気持ちを振り払って笑顔だけ武器にしてヒアリングに出かけたのを覚えています。

正直そういうベンチャー企業の方もおられました。しかしながら、大方の予想に反して、好意的に受け取ってくださる方が結構いらしたのです。特に、ある程度の成功を収めていて、これから次のステップへ進みたい、といったベンチャー企業の方には、当社のブランドを使うことによって新しいお客様へつながることができることや、次のソリューション展開へのステップになる、といった期待があるということを初めて理解しました。

そのような場があるのなら参加してみたい、と手をあげてくださるベンチャー企業が少なからずいる。このコンセプトで『豊洲の港から』は、恐らく行ける、との確信を得たのでした。

進める秘密その6：中途半端でも強行突破する

さて、ようやくベンチャー企業の方に来ていただける、そして当社ではコアメンバーが面白がってくれている、という状態にまでなりました。

あとは、トリプルＷＩＮの最後の「ＷＩＮ」。〝お客様の大手企業〟が来てくれれば、トリプルＷＩＮの出来上がりとなります。

我々からお客様に直接連絡を入れるわけにはいかないので、営業担当に確認をしてからお客様へのご案内を出そうと、何人かに、是非ともお客様にお声がけしたいので協力をお願いします、とメールを出しました。

ところがこれが、ことごとくＮＯの返事が返ってきました。理由は、そんなわけのわからないイベントに大切なお客様の時間を使わせることはできないよ、というものでした。

「いや、これはオープンイノベーションといって海外では10年以上前からあって、『ローマの市場にて』という活動もとても面白くて……」と、いくら説明しても、お客様への連絡は絶対にしてはダメ、という答えが返ってくるのみでした。

既に、一回目を開催することは社内で決定し、ベンチャー企業にもお声がけをしており、やめるわけにはいかない状況でした。

「じゃあ、せめて営業担当自身がまずは来て、面白かったらお客様も呼んでね」という話をしたのですが、それでも乗り気になってくれた人は本当に少なかったと記憶しています。

そんな中、こぢんまりと、お声がけしたベンチャー企業、ワーキングなどをやってくれていた当社のコアメンバー、そして当社の中でそういう珍しいことが好きなメンバーが集まり、お客様不在の中で小さく始めた『豊洲の港から』でした。

せっかくベンチャー企業が来てくれているのに、席がガラガラでは本当に申し訳ないので、チームメンバーに開始寸前に電話をかけて、とにかく今から来られる人を、隣の担当も含めて集めて、会場に集合してもらっていい？と頼んだことが、何回もあったことは、今でも忘れられません。

進める秘密その7：定期的に地獄のリーンを回す

ということで、お客様が呼べない中での強行実施となった『豊洲の港から』ですが、参加してくださったベンチャー企業や当社社員からは、絶賛の嵐でした。とても嬉しく感じたことを、今でも覚えています。

特に、ワーキングなどにも参加してくれていた当社のコアメンバーからは、「非常に面白かった、次は是非とも知り合いのお客様を呼んでくるよ」とまで言ってもらえました。

私が『ローマの市場にて』で感じたのと同じような面白さ。さらに、そこからどのようなビジネスが創出し得るかという仮説をかなり練ったうえで、テーマや人選びをやっていたので、参加したメンバーの間でも何らかの新しいインスピレーションが生まれるような議論になったということが、当時としてはとても目新しかったのではないかと思っています。

実は、第一回に登壇していただいたｉＲｉｄｇｅというベンチャー企業と、当社のＣＡＦＩＳ（クレジットカードのシステム）担当がこの時に出会って意気投合し、第一号の共同ビジネス創発に繋がったというのは、随分と後になってからわかったことでした。

この営みを毎月強行していったわけですが、この毎月というのも非常に大変なことでした。その月のテーマを決めて、そのテーマならどんなビジネス創発がありそうかを社内で議論をし、それに合ったベンチャー企業にヒアリングして許諾を得る。さらに、当社でそのビジネスを立ち上げられそうな人へ打診して、当社側パネルのメンバーとして出てもらう了解を得て、オーディエンスへの案内をし、会を実施する。そして、終わるや否や次の企画を始める。

この繰り返しは当時のスタッフからも、あまりにきついスケジュールなので減らせないかという声が頻繁にあがりました。社内管理者からも社員の勤務時間が多すぎる。それを減らすことのできるやり方はないのか？などと反対意見がたくさん生じていました。

しかし、地獄のような繰り返しではありましたけれども、毎月やらなければ意味がない、と私が思ったのは、早くイノベータのコミュニティを作らなくてはと思ったからでした。

毎月会うからこそ、少しずつ仲良くなっていく――。これは『ローマの市場にて』から教わったことです。これが半年に一回等の頻度では、イベントとしては盛大にできるかもしれませんが、コミュニティメンバーとして仲良くなることは難しくなってしまいます。私が『ローマの市場にて』から学んだことの一つは、毎月必ず決まった時にやることによって、社外のイノベータとのコミュニティができていく、ということでした。

これに今でもついてきてくれている当社のスタッフには本当に頭が下がります。そのおかげで今となっては、約５０００人近い方々がコミュニティメンバーとして登録されるに至っています。

進める秘密その8：果報はクレームからやってくる

このように毎月の地獄のようなフォーラム活動を続けていくうちに、当社のコアメンバーが少しずつ知り合いのお客様を呼んでくれるようになってきました。

お客様からの反応が予想を超えて良く、是非とも次の回も呼んでほしい、との大反響ぶりも聞こえてくるようになり、これは始めてよかったなあと、しみじみと思える瞬間が何度も出てきました。

そのうちに、お客様からクレームをいただくようにもなってきました。

「何故、こんな面白い取り組みをやっていることを、うちの会社には教えてくれないんだ？」

BtoBビジネスをやっている会社は、同業他社の間での集まりも多く、その中で様々な情報交換がされています。面白い情報はすぐに共有されることが多いという背景もあったのでしょう。

このようなクレームに慌てたのが当社の営業担当。何故もっと早く自分たちに教えてくれなかったんだ、との声が殺到し始めました。我々としては、「当初は一生懸命お声がけをして取りつく島もなく断られた経緯があったのですが……」と言いたいところをぐっとこらえて、「大変申し訳ございません。こちらの資料を是非ともお客様へ……」とお願いし、営業担当からお客様に積極的に案内をしてもらえるようになりました。

この頃から、お客様の参加人数がうなぎのぼりに増えてきて、あれよあれよという間に、毎回200人から多い時には300人程度まで膨れ上がっていきました。

口コミの効果の高さと、お客様に味方になっていただけたら社内も動く、ということをひしひしと実感しました。

進める秘密その9：口コミは下流から上流へ登っていく

ある時、当社の幹部から呼び出しがありました。

「豊洲の港について話がある」

と、秘書を通じて連絡をいただいたのです。

「ああ、ついにくるべき時が来てしまったか。ちょっと好き放題やり過ぎてしまったかもしれない、これでお取りつぶしかなあ」

そう思いながら、幹部の部屋に入りました。

幹部「お前、豊洲の港とかいう怪しい集まりをやっているらしいな」
私「はあ、(ついにばれてしまったあ……)」
幹部「うちの会社らしくない取り組みだなあ、これは」
私「はあ、(ついにお取りつぶしかあ……)」
幹部「そこがいい、どんどんやれ」
私「はあ?(えっ、マジすかー?!)」

実は、『豊洲の港から』に参加してくださっているお客様が、その会社の幹部にNT

Tデータで面白い取り組みがあるということを報告したところ、その方が『豊洲の港から』を気に入ってくださり、当社の幹部にそのことを話した、という経緯があったとのことでした。

このようなこともあって、当社の幹部からも認知されるところまで活動が浸透する一方、いつしか世の中でもオープンイノベーションという言葉がブーム的になってきたことも後押しになって、幹部からも情報発信をしていただけるところまで活動が育ってきました。

口コミの効果も、最初は横に広がり、そしてそれが縦に広がることによって、さらに大きな力になるということがよくわかりました。

進める秘密その10：他にはないブランディングを確立する

このような活動をしている中で、マンスリーフォーラムは非常に盛り上がってきたのですが、それでも当社のイメージは、日本のインフラをかっちり作ってきたレガシー企業、というところからどうしても抜け出せてはいない、と感じていました。

特に、ベンチャー企業の間では、当社は圧倒的なコンサバ企業で、むしろこれから衰退していく業界でしょ、という見方をされている。これまでのレガシーなインフラがあるからそれを破壊して新しいインフラを作るんだというベンチャー企業からすると、とても邪魔な存在にしか見えていないなあと、感じることもありました。


そこで、思いついたのが、オープンイノベーションビジネスコンテストを開催するということでした。

それまでは、マンスリーフォーラムをやったうえで、ワンデイイベントと銘打って、フェスティバル的に一年の総括をするイベントをやっていました。それなりにビジネス創発の事例も出てきていましたが、まだ小さなうねりだったので、ブランディング効果としてはとても小さいと感じていました。

ビジネスコンテストであれば、まずはベンチャー業界の皆さんに、当社がみなさんと一緒に新しいビジネスを作りたいと思っています、というメッセージを明確に伝えることができます。また、その認知度が上がってくれれば、何か新しいことを仕掛けたい時には、まずはＮＴＴデータに相談に行こう、と自動的にそのような人や企業や情報が集まってくる状態を作ることができるのではないか、と思ったのです。

実は、その際にイベント業者に頼もうという声もたくさんありました。しかし、我々のビジネスに資するものにするためには、まずは我々なりのビジネスコンテストを作り上げて、自分たちで汗をかかなければ、その成功の道筋は見えてこない、という気がして、まずは我々自身で全て立ち上げてみようという考えに至りました。

これにより、さらに多忙を極めることになった当室のスタッフには本当に申し訳ないことをしました。しかし着実に成功のポイントやノウハウが溜まることになり、あとあと外注をして効率化すべき部分と、自分たちでやらなければならない部分などが、よく見えてくるようになりました。

海外の大企業においても、アクセラレータと呼ばれるベンチャーを育てることを生業とする企業などに依頼をしてコンテストを実施しているところが多いのですが、それではベンチャー企業が集うのはアクセラレータということになってしまいます。

私はこの取り組みを、勝手に〝劇場型オープンイノベーション〟と呼び、我々自身が作った劇場にベンチャー企業に集まってもらえるような場を作りたいと思いました。それによって、本気で我々がベンチャー企業とイノベーションビジネスを創発していくというメッセージになると同時に、他にはないブランドとして世の中に広めて行けるのではと考えたのです。

進める秘密その11：いきなり10X（テンエックス）の発展を目指す

その当時の日本においては、オープンイノベーションコンテストと銘打っているものはほとんどなかったかと思います。この取り組みも、非常にお客様に満足していただけるものとなりました。

当時応援してくれていた当社の幹部からも、年に1回と言わず、3回か4回はやった方がいいのではないか？とまで実際に言われるようになりました（とはいえ、どんなに頑張っても時間的に、年に2回が限界なのですが)。

ところが、日本におけるベンチャー企業の数自体が当時はまださほど多いわけではなかったので、2回3回と行ううちに、同じような顔ぶれが多くなり、新しいベンチャー企業からの提案が次々とくるという状況を作るのが難しいことがわかってきました。

ちょうどその頃から、海外のオープンイノベーションは実際どのようにやっているのかについて、海外の現場へ出かけて突撃ヒアリングをすることを始めていました。

そうしたところ、実は海外においては、オープンイノベーションは10年以上前から取り組んでいる企業が多く、当時既に金融機関などの大企業もオープンイノベーションを本格的に実施してきているということがわかってきました。

また、海外のオープンイノベーションの会に行くと、大使館の方と出会うことも多くなりました。是非とも自国のベンチャー企業を日本に紹介させてほしい、また自国でイベントを開催してマッチングをやってほしい、というお話を頻繁にいただくようになってきたのです。

自国のベンチャー企業を日本で紹介したいというニーズの高まりを受け、イスラエル大使館や英国大使館経由で、『豊洲の港から』の場で、各国のベンチャー企業を紹介させていただく機会も増えてきていました。

そのうちに、「海外でＮＴＴデータのイベントをやってほしい、我々がパートナーとしてイベントのオーガナイズからベンチャーソーシングまでをやるから」と声をかけてくれる会社がたくさん出てきました。

彼らの一番のニーズは、「実は、日本市場を狙いたいベンチャー企業はたくさんあるのだが、どのように進出したら良いのかが全然わからないために、行けずにいる。ＮＴＴデータに是非とも仲立ちをしてほしい」というもので、そう言ってくる企業のある都市の数が、あれよあれよという間に10都市ほどに増えていました。

それらの声を聞いた時に、今がそのタイミングだと確信して、社内で「来年度はオープンイノベーションコンテストを世界10都市でやる」という宣言をいきなり行いました。

それまで東京でやるだけでも大変だったのに、これはさすがにハレーションが大きく、せめて2、3都市から始めるのが適切じゃないの?と上から下から、横からも斜めからも激しく責められました。

しかしながら、私は世界中を回っている中で、実際に10都市のパートナー候補企業の人々の顔と人柄まで把握している状況でした。彼らが共にやろう、やりたい、と言ってくれている。その信頼関係があれば、確実にできる、これは絵空事ではない、と確信を持っていました。

さらには、早く海外に追いつかないといけないという気持ちも、非常にありました。今から少しずつ始めていたのでは、10年以上前からやっている海外企業との差を縮めることはできない。ここはチャレンジだけれども、海外のパートナーとの信頼関係を武器に、一気に10Xで追いつき追い抜かなければならないと強く思ったのです。

進める秘密その12：機を逃さず一気に攻める

この10Xの取り組みは、2年目には15都市、そして3年目には20都市と着実に増加しています。その背景には各都市からの熱烈な希望があります。

10Xの際も、社内的にはスタッフが不足し、各自の残業も多くなる一方。社内スタッフを支えるためのパートナー（外注企業）も日本で拡充しながらの展開となっていた中で、なぜそんなに開催都市を増やすのか、効率化をしてできるだけ外注を減らす方向へ向かうべきだろうという声が社内からあがりました（この声は、今でもひっきりなしにあがっています）。

なぜこんなに世界から要望が上がっているのかというと、世界中でイノベーションが指数関数的に増大しているということがあるのだと思います。クラウド、ネットワーク、CPUのどれも価格が低減し高機能化し、さらにオープンソースやスマートフォンの普及など、誰もがアイデアをビジネスに変えることを手軽にできる環境が急速に整備され、それを支援するエコシステムが、世界中で無数に起こっているからだと考えています。

そして、日本という国がまだ世界中の企業から見て、魅力的に映っているということでもあると思っています。

我々の大会に参加した海外のベンチャー企業からは、「日本の市場は成熟しており規制が厳しく参入するのは非常にハードルが高い。しかし、安全安心で信頼性を求める国民性があることもあり、一旦導入されると加速度的な普及を望むことができる。このため、とても魅力的である。ただし、参入の方法がよくわからないので、NTTデータのコンテストがいいハブになっている」とのコメントもいただいています。

まだ日本にその魅力があるうちに、海外の企業とコラボレーションし、学び、切磋琢磨しあえる環境を作ることは、これからの日本の生き残りをかける上でも、今が非常に重要なタイミングなのではないかと思っています。

進める秘密その13：世界のイノベーション総合力の最大化を目指す

9回目のコンテストとなる2018年度のオープンイノベーションコンテスト9.0は20都市で開催をしています。

実は、この20都市の役割は大きく二つに分かれています。

一つは、当社の全社イノベーション総合力を強化すること。もう一つは世界の最先端動向を捉えることです。

まず、一つ目の〝全社イノベーション総合力を強化すること〟とは――。

コンテストを開催している20都市のうち、当社のグループ会社の拠点があるところが半分の10都市となっています。これらの都市でやるのには、もちろんイノベーティブなビジネスを創発するということが一番大きな目的であるのですが、世界各地のグループ会社の、その地域におけるNTTデータブランドの浸透という目的もあります。

ご存知の通り、日本においてはNTTからの分離独立などで弊社の知名度はそこそこありますが、海外においてはNTTですら知らない方が多いというのが現実です。

ましてや、イノベーティブなブランドとして認知されているかと言うと、非常に難しいと言わざるを得ません。

今回のイタリア大会では、ジャポネスクなイベントを仕掛けることでイタリアの他の企業との違いを見せつけることができるので、このコンテストは現地におけるＮＴＴデータのブランディングの意味でも大変価値が高いとの評価を得ました。

そういう意味では、グローバルに攻めていく上であえて海外で日本色を出していくというのは、有効なことなのかもしれません。

さらには、世界中のグループ会社のイノベーション総合力を一気に向上させる効果も期待しています。当社グループにおいては、イノベーションが盛んな地域のグループ会社と、必ずしもそうではない地域のグループ会社もあります。

このようなイベントを世界レベルで展開することによって、各地が独自のやり方を競い合う。また、自国の選手やそのスタッフを応援するオリンピックのように、地元のベンチャー企業が勝つように応援し、共同ソリューションをつくり合う。このようなことが世界レベルで起きれば、世界中のグループ会社におけるイノベーション力の向上と、さらにイノベーションを進める力のある人材の見える化にもつながっていくと思っています。

そしてその人々がさらにつながって新しいイノベーションを起こすような動きができるようになれば、いつしか世界的なイノベーティブな会社に生まれ変われるのではないかと思っています。

進める秘密その14：世界のDisruptiveの最先端をいち早く捉える

残りの10都市の役割には、世界中で急速に発達する、Disruptiveな社会変革をいち早く捉えるということがあります。

当たり前のことですが、必ずしも当社のグループ会社があるエリアから、世の中を変えてしまうような技術やビジネスが生まれるとは限りません。

中東や新興国などから、既存の枠組みを超えた急速なイノベーションが出てくることが非常に多い現状を鑑みると、そのような地域においてコンテストを定期的に開催することで、世の中の最先端のDisruptiveを作り出す企業や人を、いち早く獲得する機会を得ることができると思っています。

この理由は明確で、イーロン・マスク氏の提唱する、先入観を捨てものごとを最も根本的な真実に至るまで突き詰め新しく再定義するという「第一原理思考」に基づいたサービスが、いわゆるDisruptiveな社会変革を巻き起こしているからです。

アフリカのＭＰＥＳＡや中国のアリペイなどのモバイル送金サービスが代表的な例になりますが、それまで社会インフラが整っていなかったからこそ、その国における課題を解決するソリューションがゼロから生まれうるのです。

しかも、世界の国々には、その国ならではの課題があります。そして、その課題を発端として、世界中の人々がよりよく生きることを目指す、スタートアップの皆さんの若き大義溢れるソリューションが出てきているのです。

その中でも各社が重要視しているのが、「SDGs（持続可能な開発目標）*」です。なぜなら、SDGsが設定している、世界を救う17のゴールや課題の解決につながるソリューションを生み出したスタートアップ企業は、世界中のマーケットを席巻し、さらにビッグビジネスになる可能性があるからです。

イノベーションは、シリコンバレーやイスラエルなどだけで起こっているわけではありません。世界中で同時に巻き起こっているのです。従って、我々は誰もがまだ気がついていない、世界を変えうるソリューションがどこで生まれるかを、常に世界中にアンテナを張って見て行く必要があると思っています。

* SDGs：持続可能な開発目標。２０１５年9月の国連サミットで採択された「持続可能な開発のための２０３０アジェンダ」にて記載された２０１６年から２０３０年までの国際目標。持続可能な世界を実現するための17のゴール・１６９のターゲットから構成され、地球上の誰一人として取り残さない（leave no one behind）ことを誓っているもの（外務省ウェブサイトより）。

実は、現時点で世界中の約35の国々から、是非ともコンテストを開催してほしいとの要望をいただいています。

つまり、世界中でイノベーションは急速に立ち上がっており、その中で日本という国は、まだ一緒にビジネスをやろうと、オファーを受けている国ということなのです。

前にも触れましたが、日本という国に対してそのような期待感がある今のうちだからこそ、我々がDisruptiveの最先端を捉え、世界中のイノベーションに力を入れている国々とオープンイノベーションを推進していくことが、ひいては自分の国を救うことになるのではないかと、思っています。

進める秘密その15：いきなりフラッグシップを作る

オープンイノベーションの取り組みがある程度進んだとして、その後必ず聞かれる質問があります。

「で、いくら儲かったの？」

これには、いくら「GoogleやUBERが立ち上がりから儲かるまでには10年はかかっていますよね」とか、「すぐに儲かるものはイノベーションとは言いません」等と言っても、会社ではほとんど聞く耳を持ってもらえないのが普通だと思います。

また、大企業の場合上司の異動も多く、最初の上司は説得できても、下手をすれば一年ごとに、これを説明していかなければならないという事態になります。

これへの完全なる対抗策は、はっきり言ってありません（すみません）。

海外のヒアリングでは、イノベーションは継続的に対応するべきコストであるため、特に見返りは求めない、とするところや、インパクトあるものにいくつチャレンジしたかを測る、というところや、個別案件ごとというよりは全体のポートフォリオで管理をしていく、などなど。いろいろな測り方・指標・やり方があると聞いています。

私が現在考え、その対応策として実践していることとしては、とにかくフラッグシップとなりうるものを、早い段階で創るということです。

我々の場合、第一回のコンテストの際に、今をときめくマネーフォワードが最優秀賞を獲得し、彼らと議論した結論が、これまでの金融サービスインフラをフィンテック企業がＡＰＩ接続で使えるようにする、というものでした。これによって、我々の会社にあるＡＮＳＥＲという今では９００の金融機関が使っているオンラインバンキングのプラットフォームサービスと、うまく連携することができたのです。

これは、当時としては画期的な、オープンバンキング構想の先端を行くものでしたので、これを見た様々なフィンテック企業にも、その後ご活用いただけることとなりました。我々も、オープンイノベーション事例のフラッグシップとして、様々なところでこの説明をさせていただいています。

とはいえ、相変わらず一年に一回の上司に対する説明が必要なことには変わりはなく……これが万能薬であるといえない状況ではあります。

進める秘密その16：どんなギャップも乗り越える信頼関係を構築する

最近よく、こんなことを聞かれます。

「ベンチャー企業と大企業のオープンイノベーションは、ご苦労も多いでしょう？」

「契約やビジネス化へのスピード等のギャップをどのように乗り越えるんですか？」

これについては、おっしゃる通り、ギャップは〝ありまくり〟です。

特に、スピードについては、大きな組織の場合、新規ビジネスを行なっている担当者自体が他にもいくつも仕事を抱えていることがあり、結果、下手をすれば一ヶ月先でもアポイントが取れないため打ち合わせができない、などということも生じます。

また、大企業側が、ベンチャー企業の技術自体をなかなか正当に評価できないこともままあります。蓋を開けてみたら自分たちの理解とは本質が全然違った、というようなこともよく生じます。

これらをどのように乗り越えるのか？ということに関しては、実は答えがありません（本当にすみません）。

しかし、「成功したプロジェクトに共通していることは何か」と思い、成功したプロジェクトのメンバーとベンチャー企業の社長で意見交換会をしてもらったら、一つだけヒントが見えてきました。

それは、〝個人と個人の信頼関係〟です。

仕掛けではなく、精神論なの？という声も聞こえてきそうですが、実はここにとても大きな鍵が潜んでいるような気がします。

以下にその意見交換会でのやり取りの一部を紹介します。

【意見交換会「オープンイノベーション　成功の鍵は何か?　~成功の秘訣」】

〈共同でインバウンドマーケティングソリューション〝CAFIS Attendant〟を作った、株式会社ペイクの古田奎輔ＣＥＯと当社の総合決裁サービスＣＡＦＩＳ担当者の鈴木主任のやり取り〉

谷本Forbes JAPAN副編集長（司会）:「ベンチャー企業と大企業のやり取りの中でうまくいった秘訣というものはありますか?」

古田ＣＥＯ:「ベンチャー企業と大企業というよりは、鈴木君、古田君みたいな感じの個人としてのやり取りができて、休日ごはんを一緒に食べながら作戦会議をしたりと、そういうコミュニケーションが頻繁に取れたのは良かったなと思います」

鈴木主任:「そうですね。例えば『これじゃあ通らないんで、直してきてください』と上から目線で言われたら、ベンチャー企業はムカッとしますよね。大企業側も、ベンチャーが無謀なこと言ってきたら、『いや、こんなのありえないでしょ。もっと綿密にやっていかないと』とかなんとか言ってリジェクトするわけですよ。それで普通はだんだんとギスギスした関係になっていってしまう。でも今回は、個人同士の信頼関係をつくれていたので、敵対心がなく、一緒にスクラムを組める空気感がつくれたのかなと思います」

〈NTTデータと共同でAIを活用した地域課題発見ソリューションを作ったSocial Coin の Ivan Caballero CEO と、当社のソーシャルビジネス推進担当の高野課長代理との関係について〉

谷本Forbes JAPAN副編集長：「大企業とベンチャーが仕事を進める難しさについてですが。ベンチャーサイドの Ivan さんとしては、高野さんに自分のフラストレーションやストレスをわかってもらえるように、どのようにコミュニケーションしましたか?」

Ivan CEO：「特にコミュニケーションでは苦労しなかったですよ。私がNTTデータに対して不満があるとしたら……高野さんが十分にごはんを食べていない、眠っていないというところなんです（笑）。この人にもっと健康であってほしい。そうじゃないと、うちの事業は成功しませんから。そこが一番大きな心配事かなと思います」

このように、お互いに同じパッションを持って、極端に言えば昼夜問わず寝食を共にしながら、一つのものを作っていったプロジェクトは、成功に結び付くことが多いように思います。国や言語を超えて、共通のものを一つの大義のもとに作っていこうという気概、それが共有されたプロジェクトは強い、ということではないかと思っています。

個人と個人の信頼関係、それを形作っていく仕掛けづくりをいかにできるか、というところにカギがあるような気がしています。

進める秘密その17：世界各地の風土や、やり方を尊重する

世界中でコンテストを行うようになって、それぞれのお国柄でやりたい形式が違っているということがわかってきました。

２０１９年に実施したトロント大会では、MaRsというオンタリオ政府肝いりの北米最大のアクセラレーション組織をパートナーとしてコンテストを実施しました。コンテストへのオーディエンス参加を有料にしたにもかかわらず、会場には約３３０人が溢れかえり、リアルタイムでＳＮＳにも投稿があふれる大盛況なイベントとなりました。トロントでは非常にイノベーション熱が高まっており、MaRsがそれを受けて熱狂的な盛り上がりとなるような運営・進行をしたのです。

また、逆に、あえてこぢんまりと実施しているところもあります。

当社グループの中でも指折りのイノベータが集まるEverisというグループ会社がスペインのバルセロナやマドリッドで実施しているやり方は、

・外部のオーディエンスは一切シャットアウトし、
・逆にEverisのパートナー（各事業責任者）約20名がスペイン中から集結し、
・そのパートナー達の熱いディスカッションによって優勝者が決められていく

という方式です。

これには、スペインではコンテストが溢れかえっており、差別化が必要であるということ。またEveris自体がすでにイノベーティブな企業としてのブランドが出来上がっているため、Everisのパートナーがクローズにじっくりディスカッションするというやり方のほうが、すぐにビジネスに繋がるというメッセージになり、より良いベンチャー企業が集まる、という理由があります。

しかしながら、Everisはただこのような一見地味ともいえるようなコンテストを実施するだけではなく、会場に畳を敷いて武道の道場に見立て、審査員はみんな法被を着て、葛飾北斎の絵の中に溶け込み、その審査員へ向けてベンチャー企業が試合を挑む、といったコンテストの独自デザインを仕掛けてきました。

こういったところが、真にイノベーティブな企業は、きちんと手を抜かずにやってくるということも、とても勉強になりました。

もう一つ違う例としては、2018年のイタリアのミラノ大会があります。当社グループ会社のNTTデータITALYの社長自らが旗を振って実施したのですが、オーディエンスに大手企業のお客様のＣＥＯ、ＣＩＯを60名以上呼び、その人達に質疑応答から審査までアプリを通して参加してもらうという方法をとりました。

特徴は、徹底的にお客様が主体であること。最終的な審査は、当社で行うのですが、お客様が良いといったものを選んで、我々がソリューション化するという、まさにトリプルＷＩＮをその場で実現したものとなりました。この成果として、すでに3件の事業化が実現しています。

最後にもう一つ。２０１９年に行われたインドのプネ大会は、世界最大のボランティアによるアクセラレータ組織〝ＴＩＥ〟をパートナーとして実施しました。プネの前にバンガロールやムンバイでも予選を実施し、ベンチャー企業１００社以上が集まった中から、最終インド決戦としてプネの地でコンテストを実施しました。

ＴＩＥという組織は、皆ボランティアで構成されています。なぜボランティアでそこまでやるのか?と質問をしたら、

「自分たちが起業をして何もわからない時に支援をしてくれたのがＴＩＥだった。そこに成功した自分たちが恩返しをするのは当然」という答えが返ってきました。

シリコンバレーにおいて1万5000人以上を集めるイベントを開催し、その地のイノベーションの重要な位置付けを既に担っている彼らの、エコシステムとはなんなのかがとてもよく理解できました。

このように、世界中でやり方は千差万別。それをいかに受け入れて、かつ任せっぱなしにせずにやっていくか。彼らと実際にじっくり話し合い、その地で一番いいやり方を模索しながら一緒に開催し、うまくいったらハグをしあう。こういったやり方をしていくことがとても大事だと思っています。

進める秘密その18：プレゼンで歌う

私は、様々な世界の地で、プレゼンの際に、歌を歌わせていただいています。

もちろん、私の喉、歌声を披露したいという気持ちも1パーセントくらいあるのですが、それだけで好きでやっているわけではありません。

理由は、普通のやり方では、埋もれてしまう、と思っているからです。

我々は、とにかくこの世界においては新参者になります。当社を知らない人や日本という国でさえほとんど理解していない方々も決して少なくはありません。

その中で、いかに覚えて帰っていただくか、ということを考えた末に、ある会場で突然歌うのはどうだろうと閃き、それを崖から飛び降りる覚悟で実施してみたら、大受けに受けたというところから始まりました。

それも、日本を覚えていただくという意味で、法被（ハッピ）を着て、「ハッピーイノベーションです」と寒いダジャレを言いながら。でも日本のお祭りは人種も言葉も風土も超えて、みんなが一つになるものであり、この歌と法被はその象徴です、とかこじつけながら、なんとか日本と我々を覚えて帰ってほしいと思い、継続して実施しています。

ロンドン大会では、これが功を奏して、新聞にこのイベントが掲載されました。記事のタイトルは『カラオケの夕べ』。

これが、果たして有効なブランディングだったかどうかはわかりません。しかしながら、このロンドン大会に出席いただいた方からは、その後、あの歌がよかったよ、覚えているよ、というお声がけをいろいろなところでいただくようになり、そういった効果は確実にあったと思っています。

みなさんが歌う必要は全くないと思いますが、何か、目立つ新しいこと、心に残ることを行う、というのは、イノベーションの舞台では必要なのではないかと思います。

進める秘密その19：無茶振りを我慢してまずは課題を特定する

このようなオープンイノベーション活動をしていたら、お客様から、「うちの会社でもオープンイノベーションをやりたいのだが、支援してくれないか？」という声をいくつかいただくようになってきました。

そこで、ここまでやってきた内容をメソドロジ化して、お客様にお役に立てていただこうということで作ったのが『ＤＣＡＰ（Digital Corporate Accelerate Program）』です。

無料でもよいかとは思ったのですが、企業対企業ということで、有料コンサルティングサービスとして、提供させていただくこととしました。

おかげ様で、たくさんの企業の方々にこのサービスを活用していただいています。

「うちもイノベーションに取り組まなくてはいけない」

「オープンイノベーションで新しいビジネスを創発しよう」

社内の誰か偉い人から、突然こんな言葉とともに、無茶振りをされることがあると思います。そして、それを推進するような組織を作ることになり、

「お前がリーダーだ」と言われる状況になり、

そして、

「あとはよろしく」となる。

こういうことが、最近は非常に増えてきているようです。

私からすると、当初から上からのお墨付きを得ているというのはとても羨ましい状況ですが、いつの間にか巻き込まれてしまった実務の担当者の皆様の中には、「さてどこから手をつけたら良いのか」「あとはよろしくと言われても」

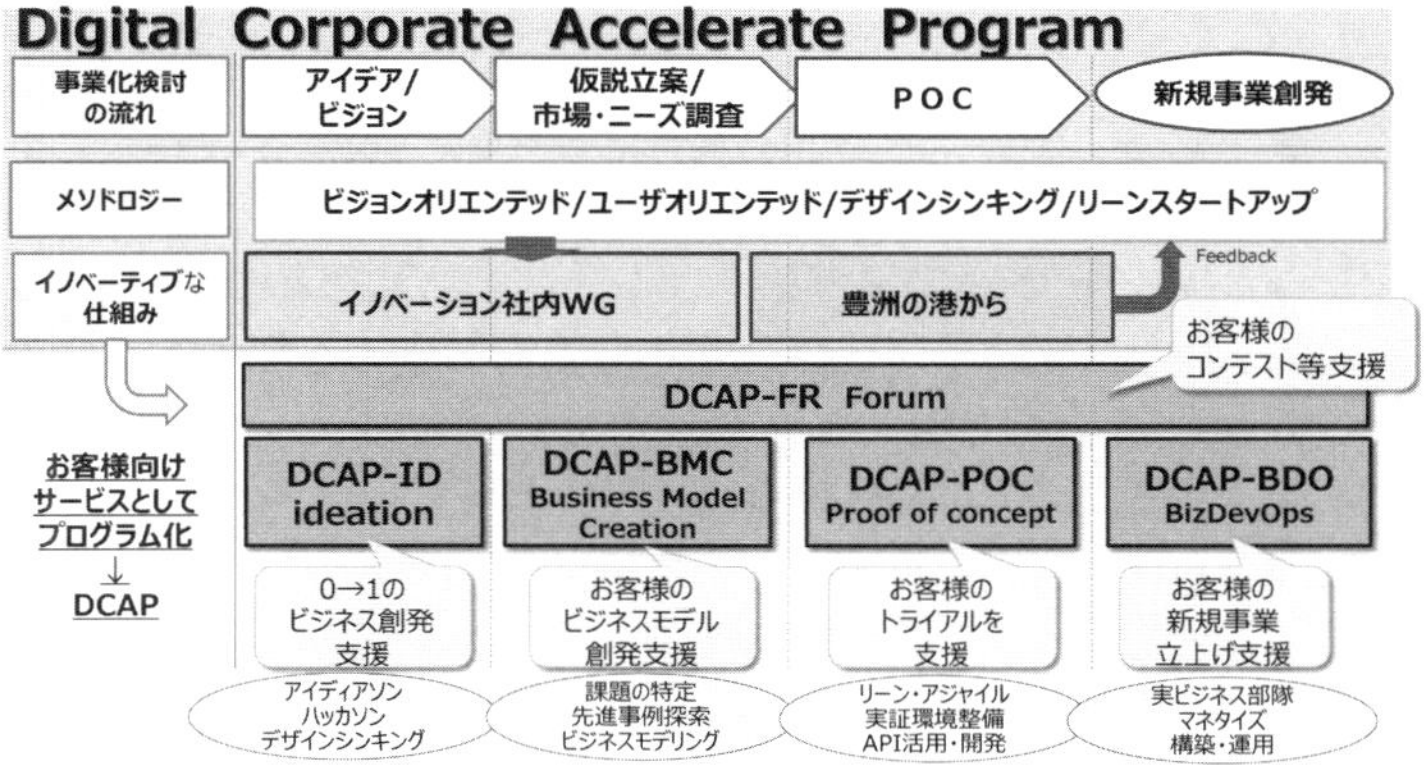

図2-1：DCAPのサービスメニュー構造

とほとほと困り、考え込む事態になってしまう方も多くいらっしゃるのではないでしょうか。

最近はそのような方々からの相談をたくさん受けるようになってきました。そこでまず私が思うのは、いきなりベンチャー企業を探し、たくさん集めてきて何かをしようとしても、そこからは何も生まれない、ということです。

まずは、自分自身の会社の、目の前にある課題をきちんと特定していくことがとても重要だと思っています。これは、当たり前のことなのですが、実は忘れがち。ですが、これを先にやることがとても大切です。

そして、課題が特定できて、その課題を解決するためにどんなソリューションが考えられるんだっけ？という議論ができるところまでたどり着いて初めて、「じゃあ、世の中にそんなベンチャー企業や突拍子もないアイデアを持っている人がいないか、探してみよう！」ということになるのだと思います。

これは、ＮＴＴデータのコンテストをＰｕｌｌ型と呼んでいる一つの理由になります。社内からチャレンジテーマを個別具体的にきちんと明確に世の中に投げかけられるか？ということが、自分自身の課題を解決するイノベーションを生み出すのには非常に重要になると考えているからです。

ただ、その時に気をつけなければならないのが、あまりにも近すぎる課題を設定してしまうと、小さな近視眼的なソリューションになってしまうということです。

これを解決するために、私はいつも、トップダウン型とボトムアップ型の課題を設定することにしています。ボトムアップ型は、まさに足元の課題を解決することを目指しますが、トップダウン型は、世の中の新しい動きや技術などをもとにした課題の設定を行います。

例えば、ブロックチェーンが我々のどのようなビジネスを破壊するのだろうか？といった課題を、関係者を集めたワーキング形式のミーティングで議論し、その中で新たな課題を設定し、それを解決できるようなソリューションを探索する、というようなこともやっています。

また、〝ディスラプティブな社会変革を起こすようなソリューション募集〟といった大きなテーマの出し方をして、我々が気づいていない、我々のビジネスに影響を及ぼすソリューションや課題を洗い出すといった募集の仕方もしたりしています。

今では、ＪＩＮ（Japan Innovation Network）というＮＰＯ組織と、SDGsによる新しいビジネス創発をするプログラムも開始しており、より世界の課題を解決できる新しいビジネス創発への取り組みも加速してきています。

このように、近くの課題から遠くに潜んでいる課題まで、いかに拾い上げて、それに対するソリューションを考えていくかというアプローチをすることが、オープンイノベーションを始めるにあたっての基本と考えています。

進める秘密その20：マユツバなゴールとスケジュールをしつこくリーンに回す

実は、最初にこのことが必要、と感じたのは、私が序章で述べた、新規ビジネスの創出をミッションとする部署に異動になって間もない頃です。部署内で〝選ばれて〟半年間予算を振り分けた新規ビジネス企画が、半年後に蓋を開けたら市場調査しかしていなかった。さらに「市場調査の結果、止めることになりました」という結論になっていたものが多数ある……そのような状況を見た時でした。そんなことは、まずはお客様に聞きにいったら1日でわかったんじゃないの?と感じる内容が結構あったのです。

そこで、新たに導入した仕組みは、オープンイノベーションで事業化への検討が始まったら、二週間に一回は当室もミーティングに入り、お客様の所にも一緒に行きます、その上で三ヶ月を目処にそのプロジェクトを継続するか否かを決めます、というリーン（無駄なくお金や時間を使うこと）にこだわったやり方でした。

これは、大企業にとっては、結構大変なことなのですが、この方法をとると確実にビジネスが見えてきますし、すぐにピボットしなければならないことも見えて来るようになりました。もちろん、ベンチャー企業の皆様には、それでも相当遅い回し方と思われてしまうことでしょうが——。

まず、この最初の三ヶ月間をPOCフェーズとし、そのゴール定義を明確に決めました。そして、三ヶ月間で当初想定したビジネスモデルから、よりフィジビリティ（実現可能性）のあるビジネスモデルに成長したと判断されたものだけ、次の投資が行われるフェーズに移行できることとしました。三ヶ月のプロジェクトが始まる前に、検証すべきビジネスモデルとKPI（Key Performance Indicator：業績評価指標）、そして技術的検証項目としてのKPIも明確に定めてもらうことにしました。

そして、次のフェーズに進むためには、『〝やる気のあるお客様〟がファーストユーザー候補として明確にいること』というゴールをクリアしていることも定義として明確にしました。

このゴールを設定したのは、我々の企業がＢtoＢであるということもあると思いますが、やる気のあるお客様で、かつ〝いけている人〟と始めたプロジェクトは、成功率が非常に高い、という私自身の経験があるからです。

「まあ、無料だったらお付き合いでＰＯＣやってもいいよ」と言うお客様とのプロジェクトは、ほぼほぼＰＯＣで終わるということも多かったからです。対して、「お金を払ってでもやる」と言っていただけるお客様は、本当に本気の可能性が高いので、スムーズに次のフェーズに移行することも多かったように思います。

もちろん、このＰＯＣフェーズでは、さらにビジネスモデルの精緻化を要し、達成目標とするビジネスのＫＰＩ、技術ＫＰＩはどんどん厳しいものになっていくことになりました。また期限も三ヶ月では短いことも多く、この期間、ある程度の投資額をかけて実施していくものも多くありました。

実は、このＰＯＣフェーズまでは、私の部署が予算を負担する形とし、それをクリアしたものは、各事業部による投資に移り、各事業部で予算を得るための商品企画会議などにかけられる、というプロセスを経ることとしていました。

何故かというと、特にオープンイノベーションで進んでいく案件は、案件を引き取った事業部が現業を持ったまま、新しいビジネスも創っているということが多いからです。そのため、現業を進めながら新規ビジネスも進められるよう、私の部署が資金を拠出し、コンサルタントをつけるなどのサポートをしていく形を作っていました。

その後、前述の商品企画会議まで進みそれをクリアすれば、それぞれの事業部で認められたこととなり、事業部からの投資の中でまかないながら、その現業の社員も自分たちの時間を新規ビジネスに振り向けていけるようになるということです。

ただ、このように進めていく中でも、うまくいかないケースは多々ありました。

リーンスタートアップでは検証サイクルをくるくる回していくということが基本であると考えているので、失敗前提、FailFastで「とにかくやってみよう」と始めることが大正解だと思っています。ですが、その時々におけるゴールとスケジュール感をきちんと決めてやっていくということを、いつの間にか忘れがちになってしまうというのが、自分自身の反省も含めて〝あるある〟だと感じています。

というのも、何回かとにかくやってみようから始まってやってやっているうちに、これってなんのためにやっていたんだっけ？とか、どこに向かって進んでいるんだっけ？ということがわからなくなるプロジェクトもたくさん出てきたからです。

何よりの失敗は、自らのビジネスモデルが何なのか？ということをきちんと明確に意識せずに進めてしまい、または検証を繰り返していく度に忘れ去ってしまったというのが何度もあったため、いわゆるＰＯＣ疲れに陥ってしまいました。

何か新しいことをやりたいというパッション、もしくは、これはすごく面白いからとにかくすぐにやりたいというパッションが溢れ出ているときに、よく陥りがちでした。

この経験から私が考える大切なことは、最初に始める時、その時点ではどれだけマユツバであるかはもちろんわかりませんが、それでも将来のビジネスモデルを意識するのを忘れないようにすることです。

それも、短期のビジネスモデルだけではなく、将来どれほどのビッグビジネスになりうるサービスなのかを、プロジェクトの一番最初から意識することを心がけています。

これは情報も何もない中で作ることも多くなるので、なかなか大変な作業になります。

もちろん、そのビジネスモデルは、やりながらどんどん変わっていくもので構わず、変わったら、その段階でのビジネスモデルはこんな風になるんだという認識をみんなで持って、共有してやる。そのことが重要なのだと思っています。

そこで、リーンキャンバス[**]を最初から作って、それをとにかくバージョンアップしながらみんなで育てていこうという運動も実施しました。なかなか面倒なことでもあり浸透しなかったのではありますが。

とはいえ、形はどうあれ、現時点で我々が目指しているビジネスモデルはこれだよね、という認識を皆で共有して進めていくことは、とても重要だと思っています。

** ビジネスモデルを一枚の図にしたもの、『リーンスタートアップ』著者として有名なエリック・リースが提唱している。

進める秘密その21：世界のイノベータを掛け合わせる

世界20都市で行なっているオープンインベーションコンテストですが、まだまだやりたいのにできていないことがあります。

それは、せっかく集まってくれた世界のベンチャー企業の皆様や、当社のイノベータ、さらには、このイベントに協賛いただいている大企業の皆様やベンチャー支援のパートナー企業の皆様全員と、さらなる掛け合わせをたくさん作って、新しいイノベーションを創発するということです。

今は、ＳＮＳで各地のベンチャー企業やコンテストの様子もできるだけ詳しく紹介しています。世界のグループ企業も含めて、社内には、こんなビジネスの可能性があるのではないかというアイデアも盛り込んだ形で、情報の共有をしています。しかし、我々からの一方的な働きかけで、まだまだインタラクティブにできていないなあと思っているところです。

世界中の〝いけてる〟ベンチャー企業を掛け合わせて、そこにお客様が加わって、我々もそこで何かの役に立つ、といった取り組みを、もっともっと仕掛けていきたいと思っています。

実はこれができるようになると、日本企業がこれからのイノベーションの主役に躍り出ることもできるのではないかと考えています。

何故ならば、日本企業は和の精神を持って、様々な企業の良いところをうまく擦り合わせて、そこから新しいものを創り上げていくということが、得意分野だと思っているからです。

前にも言いましたが、イノベーションは、シリコンバレーやイスラエルだけで起きているわけではありません。世界中の現場で起きているのです。そして、それをうまく拾い上げて、いち早く新しいものを創り出すことができる企業が、これからの勝利者となると思っています。

日本企業のこれからのイノベーションの切り札は、世界中のイノベータをオープンイノベーションによって融合していくことにあると思っています。

我々もまだまだ試行錯誤をして勉強しながら走り続けております。もし、良いアイデアや仕掛け作りなどを持っている方がおられましたら、どんどん我々にご提案をいただけるとありがたいです。

合言葉は

さあ、ともに世界を変えていこう！

です。

最終選考 開催年月	開催 都市数	最優秀賞
第1回（2014年12月）	1	マネーフォワード（日本） 電子家計簿アプリ
第2回（2015年8月）	1	BANKGUARD PTE. LTD（シンガポール） クレジットカード等の本人認証・取引認証の防御
第3回（2016年2月）	1	（受賞企業なし）
第4回（2016年8月）	1	Doreming Asia（シンガポール） 即時決済プラットフォーム
第5回（2017年3月）	10	The Social Coin（スペイン） 日常的な問題を解決するための市民参加型プラットフォーム
第6回（2017年8月）	10	クラウドリアルティ（日本） 不動産に特化したクラウドファンディングマーケットプレイス
第7回（2018年3月）	15	GESTOOS（アメリカ） 人の動きや行動を判断するAIプラットフォーム
第8回（2018年8月）	15	Global Mobility Service, Inc.（日本） IoTを活用した自動車ローンサービス

図2-2：これまでのオープンイノベーションコンテスト

付録

今さら聞けない!? オープンイノベーションの基本のキホン

「オープンイノベーションについてご存知でしょうか」――。

すでにご存知の方は飛ばしていただいても構いません。

改めてではありますが、オープンイノベーションとはそもそも何なのかを紹介しておきます。

1 オープンイノベーションの起源

オープンイノベーションという言葉が生まれたきっかけは、2003年に当時の米国ハーバード大学経営大学院教授であったHenry W. Chesbrough（ヘンリーWチェスブロウ）博士が、『Open Innovation-The New Imperative for Creating and Profiting from Technology』***という論文を発表したことにあります。

*** 『Open Innovation-The New Imperative for Creating and Profiting from Technology』の邦訳単行本は、

『OPEN INNOVATION ―ハーバード流イノベーション戦略のすべて』（発行：Harvard business school press／翻訳：大前 恵一朗）

チェスブロウ博士の言うオープンイノベーションとは、自組織が持つ技術の価値を高めるための方法論です。つまり、自社の技術の価値向上のために、内部のアイデアだけではなく、外部のアイデアを積極的に取り入れるというのが、博士が提唱したオープンイノベーションの基本的な考え方です。

また、博士は論文の中で、研究開発の段階で外部の叡智を取り入れるだけではなく、技術を開発して市場に投入する際も、内部の経路だけではなく、外部の経路も積極的に活用すべきと提唱しています。

企業の中では、さまざまなかたちで研究開発が行われ、その成果として新しい技術が生まれていきます。ただし、それらの技術のすべてが商業的な成功を収めているわけではなく、まったく日の目を見ずに、あたかも〝不良資産〟のように扱われている〝不遇〟の技術も数多く存在するはずです。

チェスブロウ博士の考え方は、そうした〝不遇〟の技術でも、外部のアイデアやリソースの注入によって改めて価値が高まり、商業的に成功する可能性があるというものです。また、外部との連携によって、新技術開発のスピードアップやコストの低減、販路開拓の効率性も高められるとしています。

これを言い換えれば、単一組織の発想力やリソースには限界があり、手持ちの技術の価値を高めたいと考えるならば、自分たちとはまったく異なる視点や考え方、バックグラウンドを持った組織の知見・ノウハウ・リソースを積極的に活用すべきということになります。

その意味で、チェスブロウ博士が提唱したオープンイノベーションは、技術の価値を高めるために、自分たちの限界を打ち破るための方法論と見なすこともできるかもしれません。

2 オープンイノベーションの発展

2003年にチェスブロウ博士の論文が発表されて以降、米国を中心にオープンイノベーションの取り組みが活発化しました。

当初、オープンイノベーションは、研究開発の効率化や収益性向上の手法として見なされていましたが、2000年代後半には、外部組織との連携によって新事業・新市場を共創するスキームとして見なされるようになっていきました。

それに伴い、マーケティングの視点がオープンイノベーションに取り入れられ、有力企業がそれを実践してきたというわけです。

プロクター・アンド・ギャンブル（P&G）は、早くからオープンイノベーションに取り組んできたことで知られており、社内ニーズ・技術を公開する外部向けのウェブサイトを構築し、世界中から関連技術や商品アイデアを公募しています。この仕組みによって、食用のインクジェット技術を応用して表面にキャラクターを印刷したポテトチップスなど、ユニークな商品が市場に送り出されました。

他にも、デュポン、フィリップス、ＧＥなどが、オープンイノベーションを実践し、一定の成果を上げている企業として知られています。

Column

日本企業になぜ、オープンイノベーションが必要なのか

日本企業になぜ、オープンイノベーションが必要なのか。経済産業省は、産業政策としてオープンイノベーションを推進しなければならない理由として、日本企業の多くが抱える、次のような課題を指摘しています。

- ●グローバル化の進展や市場の成熟による顧客ニーズの多様化への対応
- ●研究開発の自前主義
- ●企業収益に結び付く研究開発の乏しさ
- ●研究開発に短期的な成果を求める傾向
- ●研究人材の流動性の低さ
- ●研究成果・人材のグローバルネットワークからの孤立

（資料：経済産業省　産業構造審議会　産業技術環境分科会「イノベーションを推進

するための取組について」（2016年5月）

旧来、日本の企業はこうした問題を自助努力によって解決してきました。しかし、それだけでは、今日のような猛烈な変化の時代においては競争優位を維持するのは困難な状況になっています。

自分たちの持つ技術や価値をまったく新しい角度からとらえ、新しい市場、新しい事業、新しい価値を創出しようとするならば、オープンイノベーションの手法を採用することが一つの手段と言えます。

新しい事業は、社内の誰にも経験がないビジネスです。それを展開するうえでは、過去の成功体験は通用しません。そのような事業をスピーディに立ち上げるには、自分たちとは異なる世界で活躍し、異なる体験や価値観、アイデアを持つ組織や人との共創・協業が有効な一つのやり方と言えるのではないでしょうか。

3　これからのオープンイノベーション

近年になり、オープンイノベーションのスキームを社会的課題の解決に活用しようという、〝オープンイノベーション2.0〟の動きが、欧州で活発化しています。

これは、欧州委員会（European Commission：ＥＣ）が推進しているスキームで、複数の関係者が相互に、自律的に連携するエコシステムによってイノベーションを引き起こしたり、企業・大学・公的機関・研究機関のみならず、一般の生活者をも巻き込んだかたちでイノベーションを推進したりすることを指すものです。

このオープンイノベーション2.0と、従来のオープンイノベーション（オープンイノベーション1.0）との大きな違いは、後者（1.0）においては組織間の連携が、基本的に１対１の関係を成し、知識・技術の伝達も単一の目標に沿って行われるのに対して、2.0では、多数のステークホルダによってエコシステムが形成され、そのエコシステム内部のさまざまなところで、組織間の知識が融合され、新たな価値が共創されていく点にあるとされています。

オープンイノベーション2.0において重視されているのは〝ユーザー〟です。これまでは、商品開発プロセスにおいて単なる調査対象にすぎなかったユーザーを、アイデアの源や、有用なフィードバックを得るための重要なプレイヤーとして位置付けているのです。

ユーザーを、企業にとってサービスや商品を創り出していく際のパートナーであり、同時に、開発者・企業がユーザーの利用シーンなどから新たなニーズを掘り起こす際のモニターとする『リビング・ラボ』という共創活動は、北欧を起点に欧州全般、さらには国際的なモデルとして認知されてきています。

企業において〝不良資産〟のように扱われてきた技術や研究成果の活用に端を発し、他社の技術やアイデアを応用した事業開発へと発展したオープンイノベーションですが、近年は、社会課題の解決に繋がるものとして期待されています。

チェスブロウ博士も、オープンイノベーションの流れは、国際連合が掲げている「持続可能な開発目標（SDGs）」と結びつくようになり、2030年にかけて、先進諸国で重要な役割を果たすことになるとしています。

貧困の撲滅、教育の機会均等、気候変動への対応といった社会的な課題の解決は、一つの企業だけで取り組めるものではなく、新たな技術の活用と様々なステークホルダの連携が欠かせません。まさしく、オープンイノベーションの神髄が発揮される場となってくることでしょう。

あとがき

オープンイノベーション活動『豊洲の港から』を始めて、今年で早6年目に入りました。

新規ビジネスを企画する担当というのは、大体は3年周期で変わっていくような気がします。そういった意味では、ここまでに好きに続けることを認めてくださった当社幹部の皆様の懐の深さには本当に感謝の念しかありません。

また、新しいことを次々と企画しては修正し走る。走っては修正し、また走る。しかもそのスピードが速い……という、大変な活動についてきてくれたスタッフには、本当に頭が下がります。

上からは「本当に効果が出ているのか?!」、下からは「もうこれ以上できませんよ!」

という声が常日ごろ飛び交う中で、〝そこまでして何故やるのか？〟と自分自身も思うことが何度もありました。

ただ、これまで続けてきて思うことは、イノベーションは、ビジネスも仕掛け作りも、〝変わり続けなければ生き残れない〟ということです。

組織として新しいことを始めると、最初は斬新な取り組みも、やっていくうちにどんどん陳腐化していきます。そして、それを続けてやること自体が目的になってしまって、到達するゴールが違うものに変わっていってしまう。――私自身、何度もそのような経験をしてきました。

新しいことにチャレンジするのは、とてもストレスがかかることだと思います。ましてや、それが成功するかどうかもわからない中で、たえず変化しながら動いていくということが、組織、特に大企業組織においてはどんなに大変なことかもわかっています。

私の大好きな言葉に、ネルソン・マンデラの「最も輝かしい人生とは、一度も転ばない人生ではない。転ぶたびに起き上がり続ける人生である」という言葉があります。

この本を通じて、一緒に仕事をしたいと少しでも思っていただける方がいらしたら、是非ともご連絡をください。世界をよりよく変えるようなものを、一つでもよいので一緒に創っていきましょう。

人類の最大の発明は〝分業〟だということを何かの本で読みました。

一人では何もできない私です。

本当に沢山の人々に支えられて、ここまで来ることができたと思います。

ご支援や応援をしてくださった方々への恩返しのためにも、これからも、大げさですが命ある限り頑張っていきたいと思います。

世界中の人々とともに。

合言葉は

さあ、ともに世界を変えていこう！

です。

ここまでお付き合いいただきまして、本当にありがとうございました。
これまでお世話になりました皆様に、心からの感謝をこめて、あとがきとさせていただきます。

残間　光太郎　（２０１９年2月　カナダ　トロントにて）

謝辞

今回のこの書籍は、大企業で苦労されている方のほんの少しの助けになれば、と活動の軌跡を記したものです。

「この書の文責は残間光太郎」という意味で私を著者としています。しかし、当活動は、私の部署のスタッフ及び実際にビジネスを創るビジネスユニットの皆様とともに一緒に作りあげてきて、今も奮闘している活動です。ここに、スタッフ一同のみで大変恐縮ですが紹介させていただきます。

石田 慶一郎、岡田 和也、顔澤シン、小橋 哲郎、作部 宏行、佐藤 昌弘、西山 由里子、藤原 健一、矢島 美沙、吉田 淳一、吉田 潤子、渡辺 出（五十音順）

また、立ち上げ当初より、アドバイザーとしてお世話になっている方々もこの場でご紹介をさせていただきます。

仔細にわたり、様々なアドバイスをいただき、心より御礼申し上げます。

山本 修一郎様、本荘 修二様、大澤 弘治様

この他にもグループ会社、社外パートナー、お客様、そしてベンチャー企業の皆様含む、多くの皆様に厚いご協力をいただいています。あまりに多くの皆様にご支援をいただいているため、ほとんどの方のお名前を掲載することができていませんこと、お詫び申し上げます。

皆様に、心より御礼申し上げます。

【略歴】

● 残間 光太郎

NTTデータ　オープンイノベーション事業創発室室長。北海道大学卒。

NTTデータ第一期生として入社、インターネット普及前より画像通信システム開発に従事。公募にてグループのコンサルファーム／NTTデータ経営研究所の立ち上げに携わり、同社で公共・金融・民間あらゆるインダストリーの新規ビジネス創出、ブランディング・マーケティングコンサルティングに従事。その後NTTデータに復帰し、iモード創世期のモバイルバンキングの立ち上げ、XBRL推進責任者として公共機関システム、初の官民連携サービスZaimonの立ち上げ、情報戦略部にて全社ブランディング施策リレーションシップビルダーの立ち上げ等新規企画案件立ち上げに多数携わる。

2013年にオープンイノベーション事業創発室を立ち上げ、今に至る。

その他、教育分野では神戸大学にて社会人向けのイノベーション講義、音楽分野では“魂の叫び”をアカペラに乗せて新しい音楽創発への挑戦を続けている。

● オープンイノベーション事業創発室

（これまでのマイルストン）

2013年 9月	「豊洲の港から」フォーラム初開催
2014年 4月	オープンイノベーション事業創発室設立
2014年12月	第1回コンテスト実施（マネーフォワード優勝）
2015年 7月	Digital Corporate Acceleration Program（DCAP）提供開始
2016年10月	グローバル宣言：世界10都市でのコンテスト開催発表
2017年 7月	世界15都市でのコンテスト開催発表
2018年 9月	世界20都市でのコンテスト開催発表

スタッフは、時代を牽引するフォーラムテーマについての研究、フォーラム企画・開催、世界各国のベンチャー企業探索、世界各国でのコンテスト開催、ベンチャー企業とNTTデータの協業ビジネス立ち上げ等、一つでも多く世の課題を解決する新しいビジネスを立ち上げることを目的とし、右に左に走り回り、日々奮闘しています。

お問い合わせ・ご相談など、お気軽にお寄せ下さい。

●『豊洲の港から』へのリンク

ホームページURL：http://oi.nttdata.com/
Twitter：@NTTDATA_OI　（アカウント名 ／ 残間@豊洲の港から）
ハッシュタグ ／ #nttdoi　#nttdcon9
Facebook：@nttdoi　（アカウント名／豊洲の港から@NTT DATA）

オープンイノベーション21の秘密
豊洲の港から奮闘記

2019年3月15日　第1刷発行

著　者　残間《ざんま》 光太郎《こうたろう》
株式会社NTTデータ
オープンイノベーション事業創発室 室長

発行者　太田宏司郎
発行所　株式会社パレード
大阪本社　〒530-0043　大阪府大阪市北区天満2-7-12
TEL 06-6351-0740　FAX 06-6356-8129
東京支社　〒151-0051　東京都渋谷区千駄ヶ谷2-10-7
TEL 03-5413-3285　FAX 03-5413-3286
https://books.parade.co.jp
発売所　株式会社星雲社
〒112-0005　東京都文京区水道1-3-30
TEL 03-3868-3275　FAX 03-3868-6588
印刷所　創栄図書印刷株式会社

ISBN 978-4-434-25918-0 C0034